CW00864560

Feliz Dia Dos Pais

Pai...
Um ser fantástico.
Não menos importante
que a mãe, este ser huma-
no completa tanto como
ela nossas vidas de filhos.

Porque todo bom pai cuida
e cria com grandioso zelo.
Bom administrador do lar
que é, o pai trabalha com

muito ardor para susten-
tar o seu lar.

Com voz racional, orienta
os pequenos mostrando
toda sua experiência.
Prepara os seus para vive-
rem no mundo com pru-
dência.
Com voz imponente con-
segue respeito facilmente.

E esta voz imponente não
é arrogância, e sim exem-
plo de respeito a ser segui-
do.
Os filhos compreendem
sua fala de fácil entendi-
mento.
Racional é este ser.

Simples como um anjo,
convence a todos sem

fazer grandes esforços
para tentar impressionar.

Porque o pai convence por
meio da simplicidade.
E seu jeito racional de ser
faz parte da sua natureza
masculina.
Mas é notável o fácil en-
tendimento mostrado pelo
pai pela sua razão de ser.

Neste dia glorioso os pais precisam ser lembrados e reverenciados.

Com aparência forte, não demonstra muito o sentimentalismo que muitas vezes tem.

O seu lado externo é visto muito claramente.

Sentimentalmente é muito pouco reconhecido.
Se aparentemente é assim para o pai, de certa forma acaba sendo ruim para o mesmo, na medida em que pouco são mostrados os suas mais óbvias emoções. O pai é como um guia pessoal, um psicólogo.

Apesar de ser pouco expressivo nos seus sentimentos o pai tem umas vantagens no seu status que garante na família. Com respeito garantido e razão em alta, todas as faltas com relação às emoções pouco notadas são supridas.

O que torna a figura paterna tão essencial na família quanto a mãe é o fato do pai justamente ter o seu papel legítimo de provedor e ajudador na criação dos filhos.

E não somente isto.
Esse ser age com muito amor e carinho com os

pequenos desde o nascimento cuidando.
Compra os itens de cuidados do filho, presta assistência, dá de comer.

Quando a mãe está ocupada o pai leva os filhos até a escola.
Ajuda a fazer o dever de casa, explicando como se

faz as tarefas.

O bom pai não desiste do filho ou filha.
Sempre presente ele auxilia com seus conselhos prudentes.
Quem é pai sabe bem disso.
E quem é filho também percebe como é o cuidado

do pai.
Quando vê o filho triste, o pai tão depressa percebe.

Apesar de não ser intuitivo como a mãe, o pai é perceptivo.
E como observador que é entende se algo não está bem com seu filho.

Ser pai é ser exemplo de maestria.

Sua verdadeira beleza não é desconhecida como pode parecer.
Ela está presente no seu jeito próprio de cuidar, falar e administrar o lar.
Sua fama percorre em vá-

rios lugares.
E não é à toa que ficou
conhecido como o que é
do seu nome:
pai de família.

Sim, considero isto pelo
fato do pai ser o sustenta-
dor do lar.
Não tiro as qualidades da
mãe, óbvio.

Ela também é fundamental e tem suas atribuições tanto quanto o pai.

Mas o pai, volto a dizer é o que geralmente trabalha desde antigamente para sustentar seus filhos.
Da força dos seus braços tira suor de horas trabalhadas a fim de dar o mel-

hor para sua família.
Com aparência de durão
é na verdade uma pessoa
com o coração mole.

Sua bondade encanta os
filhos por mostrar cuidado
como um verdadeiro herói.
Um pai considerado talvez
extraordinário por esse
motivo é.

Até com a sua esposa, mãe dos seus filhos ele é delicado.
É romântico com ela dando exemplo para os filhos.
Em tudo a pai é referência boa.

E se tem alguma falha não faz mal pois, é humano e imperfeito.

O verdadeiro pai não deve ser visto apenas pelos seus defeitos.

As qualidades dele precisam ser mais notadas para ser então bem entendido.

Seus filhos lhe observam com muito grande admiração.

O pai é o primeiro ser masculino a ser admirado pelos filhos.

Sim...
Quão notável ele é...
E não poderia ser diferente.
Merecedor dos aplausos dos seus filhos, ainda é exaltado pela sua amada

esposa.

Ser pai é uma experiência de vida única.

Ter filhos é um dos melhores momentos na vida de um homem.

O pai cuida, protege e dá importância aos seus pequenos com um glorioso carinho.

Um ser humano que sorri com imensas alegrias de glória.

Brinca, anima.

Sempre presente o pai se sente obrigado a cumprir com o seu papel a cada momento.

Pois todo, todo momento
para o pai deve ser único
junto dos filhos.
E simplesmente é...

E não pode ser estranho se
qualquer bom pai for tão
sentimental quanto a mãe.

Apesar da grande maioria

dos pais não parecerem muito sentimentais, muitos são dessa maneira.

Porque pai é ser humano. E todo ser humano sente calor, frio, alegrias, tristezas...
Se um filho está em casa, espera seu pai chegar do

trabalho para vê-lo e matar saudades.

Se o pai está viajando a trabalho, quão imensa é a vontade que este chegue logo dos pequeninos seus. Ser pai é dar significado a vida.
Significa tornar as coisas

novas criando vidas novas.

Ser pai é preparar o novo ser humano para a vida.

Ser pai é passar todo o seu conhecimento para o seu filho.

Ser pai é se preocupar com

o filho quando este ainda for adulto e mesmo depois de casado.

Ser pai é ser um aconsel-hador.

Ser pai é ser um cuidador.

Porque o pai passa confiança, segurança.

Não é fácil ser pai.
Quão grande é tal respon-
sabilidade.
Mesmo assim é gratifican-
te ter filhos e poder dar um
abraço bem apertado.
Fazer carinho e cuidar.
Dar exemplos de inteligên-

cia.
Ter autoridade sem precisar ser autoritário.

Ser justo, às vezes injusto mas tudo para o bem de quem ama.

O pai é o melhor amigo dos seus filhos.

Essa cumplicidade é para tudo na vida.

O pai é jovial, alegre, divertido.

Você que é filho ou filha reverencie o seu pai.

Pai neste mundo é somente um e precisa ser amado, respeitado.

Pai...
Ame também seus filhos ensinando-lhes sempre o caminho do bem.

Um dia quando eles estiverem maiores se lembrarão disso e irão te dar o devido valor, se forem gratos.

Desejo a todos os pais nesse dia maravilhoso que se comemora o seu dia um feliz dia dos pais.

Ser pai é ser amigo...

Ser pai é ser companheiro...

Ser pai é ser bom...

Ser pai é ser um amor mais próximo...

Deus abençoe
a todos os pais
e filhos no Brasil
e no mundo
inteiro...

Lightning Source UK Ltd.
Milton Keynes UK
UKHW051511030820
367426UK00001BA/6/J